电网企业班组安全生产百问百答

输电运检

国网浙江省电力有限公司绍兴供电公司 组编

U0655710

中国电力出版社
CHINA ELECTRIC POWER PRESS

图书在版编目（CIP）数据

电网企业班组安全生产百问百答. 输电运检 / 国网浙江省电力有限公司绍兴供电公司组编. —北京: 中国电力出版社, 2018.9

ISBN 978-7-5198-2244-6

Ⅰ.①电… Ⅱ.①国… Ⅲ.①电力工业–工业企业管理–班组管理–安全生产–中国–问题解答②输电线路–电力系统运行–检修–问题解答 Ⅳ.① F426.61-44 ② TM726-44

中国版本图书馆 CIP 数据核字（2018）第 160652 号

出版发行: 中国电力出版社
地　　址: 北京市东城区北京站西街 19 号（邮政编码 100005）
网　　址: http://www.cepp.sgcc.com.cn
责任编辑: 崔素媛（010-63412392）
责任校对: 黄　蓓　太兴华
装帧设计: 张俊霞（版式设计和封面设计）
责任印制: 杨晓东

印　　刷: 北京瑞禾彩色印刷有限公司
版　　次: 2018 年 9 月第一版
印　　次: 2018 年 9 月北京第一次印刷
开　　本: 880 毫米 ×1230 毫米 64 开本
印　　张: 1.125
字　　数: 38 千字
印　　数: 0001—3000 册
定　　价: 19.00 元

内 容 提 要

　　本套丛书旨在提高电网企业班组人员的安全知识和安全技能。

　　本书采用"一问一答"的形式，选取了电网企业输电运检专业常见的、容易导致安全事故的问题，包括通用安全、线路运行、线路检修、带电作业、电缆作业共 5 个方面。

　　全书精心选取了 100 个问题，这 100 个问题紧贴基层工作实际，答案通俗易懂、简明扼要、图文并茂，易于被一线员工所接受。

　　本书可作为电网企业变电检修人员的日常安全知识工具书，也可用于现场工作资料查询，还可用作学习培训教材。

编 | 写 | 组

主　编　陶鸿飞

副主编　姚建立　徐晓频

参　编　朱　伟　郑月忠　罗天宇　林祖荣　周亚辉
　　　　　朱吉刚　张宇菁

绘　图　王瑞龙

前　言

党的十九大指出，要牢固树立安全发展理念，弘扬生命至上、安全第一的思想，坚守发展决不能以牺牲安全为代价这条不可逾越的红线和遏制重特大事故发生这条底线。电力作为在国民经济的重要行业，安全生产就显得尤为重要。

根据国家电网公司关于强化本质安全的有关要求，要把队伍建设作为安全工作的关键，要全面加强员工安全知识和技能培训，努力适应新形势下公司和电网发展需要。因此，电网企业各级人员尤其是一线员工必须要牢固掌握本岗位的安全知识，熟悉安全规程制度，具备保证安全的技能，增强全员事故预防和应对能力，确保电网可靠运行。

本套丛书共分为《变电运维》《变电检修》《输电运检》和《配电运检》4个分册。每个分册都采用"一问一答"的形式，精心选取了电网企业各专业常见的、易造成安全事故的100个问题，这100个问题紧贴基层工作实际，答案通俗易懂、简明扼要、图文并茂，易于被一线员工所接受。

本套丛书由国网浙江省电力有限公司绍兴供电公司具有丰富管理经验和一线实践经验的人员编写，本书在编写过程中得到了国网浙江省电力有限公司绍兴供电公司相关部门领导和同事的支持和帮助，在此表示衷心感谢。同时也感谢中国电力出版社给予的大力支持。

由于编者水平有限，书中不足之处，希望各位读者予以批评指正。

目　录

三、线 路 检 修

四、带电作业

五、电缆作业

一、通用安全

1. 作业现场和作业人员应满足哪些基本条件?

答:作业现场的生产条件和安全设施等应符合有关标准、规范的要求,工作人员的劳动防护用品应合格、齐备。经常有人工作的场所及施工车辆上宜配备急救箱,存放急救用品,并应指定专人经常检查、补充或更换。现场使用的安全工器具应合格并符合有关要求。各类作业人员应被告知其作业现场和工作岗位存在的危险因素、防范措施及事故紧急处理措施。

作业人员应经医师鉴定,无妨碍工作的病症(体格检查每两年至少一次)。具备必要的电气知识和业务技能,且按工作性质,熟悉《国家电网公司电力安全工作规程(线路部分)》(以下简称《安规》)的相关部分,并经考试合格。具备必要的安全生产知识,学会紧急救护法,特别要学会触电急救。

2. 输电运检人员上岗前和在岗时的安全培训有哪些基本要求?

答:输电运检人员在上岗前应经过检修、试验规程的学习和至少 2 个月的跟班实习,并经考试合格后上岗。从事特种作业和操作特种设备的人员还应取得相关的特种作业证书或特种设备操作证。

在岗的输电运检人员应定期进行有针对性的现场考问、反事故演习、技术问答、事故预想等现场培训活动，学会自救互救方法、疏散和现场紧急情况的处理，应熟练掌握触电现场急救方法，掌握消防器材的使用方法。此外，因故间断电气工作连续 3 个月以上的输电运检人员，应重新学习《安规》，并经考试合格后，方可再上岗工作。离开特种作业岗位 6 个月的作业人员应重新进行实际操作考试，考试合格后方可上岗。若应用新工艺、新技术、新设备、新材料时，相关人员应进行专门的安全教育和培训，经考试合格后，方可上岗。

👤 3. 班前会和班后会应包括哪些内容？

答： 班前会应结合当班运行方式、工作任务，开展安全风险分析，布置风险预控措施，组织交待工作任务、作业风险和安全措施，检查个人安全工器具、个人劳动防护用品和人员精神状况。班后会应总结讲评当班工作和安全情况，表扬遵章守纪，批评忽视安全、违章作业等不良现象，布置下一个工作日任务。班前会和班后会均应做好记录。

👤 4. 外来工作人员进入作业现场有哪些安全规定？

答： 外来工作人员必须经过安全知识和安全规程的培训，并经考试合格后方可上岗。在工作时必须持证或佩戴标志上岗。若从事有危险的工作时，应在有经验的变电运维人员带领和监护下进行，并做好安全措施，开工前由监护人将带电区域和部位等危险区域、警告标志的含义向外来工作人员交代清楚并要求外来工作人员复述，复述正确方可开工。禁止在没有监护的条件下指派外来工作人员单独从事有危险的工作。

5. 现场勘察应如何组织实施？

答：对于变电检修（施工）作业，工作票签发人或工作负责人认为有必要现场勘察的，检修（施工）单位应根据工作任务组织现场勘察，并填写现场勘察记录。现场勘察由工作票签发人或工作负责人组织。对涉及多专业、多部门、多单位的作业，应由项目主管部门（单位）组织相关人员共同参与。勘察时，应查看作业需要停电范围、保留的带电部位、装设接地线的位置、邻近线路、交叉跨越、多电源、自备电源、地下管线设备和作业现场的条件、环境及其他影响作业的危险点，并提出针对性的安全措施和注意事项。带电作业前，应根据勘察结果做出能否进行带电作业的判断，并确定作业方法和所需工具以及应采取的措施。

6. 触电伤员脱离电源后，应如何判断其有无意识？

答：应按照以下方法判断伤员有无意识：

（1）轻轻拍打伤员肩部，高声喊叫，"喂！你怎么啦？"

（2）如认识，可直呼喊其姓名。有意识，立即送医院。

（3）眼球固定、瞳孔散大，无反应时，立即用手指甲掐压人中穴、合谷穴约 5s。

🧘 7. 常用的安全标识牌应悬挂在哪些地方？

答： 根据《安规》要求，安全标识牌应悬挂下列地方：

（1）"禁止合闸，有人工作！"应悬挂在一经合闸即可送电到施工设备的断路器（开关）和隔离开关（刀闸）操作把手上；

（2）"禁止合闸，线路有人工作！"应悬挂在线路断路器（开关）和隔离开关（刀闸）把手上；

（3）"禁止分闸！"应悬挂在接地刀闸与检修设备之间的断路器（开关）操作把手上；

（4）"在此工作"应悬挂在工作地点或检修设备上；

（5）"止步，高压危险！"应悬挂在施工地点邻近带电设备的遮拦上、室外工作地点的围栏上、禁止通行的过道上、高压试验地点、室外构架上和工作地点邻近带电设备的横梁上；

（6）"从此上下"应悬挂在工作人员可以上下的铁架、爬梯上；

（7）"从此进出！"应悬挂在室外工作地点围栏的出入口处；

（8）"禁止攀登，高压危险！"应悬挂在高压配电装置构架的爬梯上，变压器、电抗器等设备的爬梯上。

8. 安全工器具的检查、保管和试验有哪些基本要求？

答：（1）检查要求。安全工器具使用前的外观检查应包括绝缘部分有无裂纹、老化、绝缘层脱落、严重伤痕，固定连接部分有无松动、锈蚀、断裂等现象。对其绝缘部分的外观有疑问时应进行绝缘试验合格后方可使用。

（2）保管要求。安全工器具宜存放在温度为 –15～+35℃、相对湿度为 80% 以下、干燥通风的安全工器具室内。运输或存放在车辆上时，不得与酸、碱、油类和化学药品接触，并有防损伤和防绝缘性能破坏的措施。成套接地线宜存放在专用架上，架上的编号与接地线的编号应一致。绝缘隔板和绝缘罩应放在室内干燥、离地面 200mm 以上的架上或专用的柜内。使用前应擦净灰尘。如果表面有轻度擦伤，应涂绝缘漆处理。

（3）试验要求。安全工器具应经过国家规定的型式试验、出厂试验和使用中的周期性试验。安全工器具经试验合格后，应在不妨碍绝缘性能且醒目的部位粘贴合格证。

9. 哪些情况下禁止进行动火作业？

答：下列情况禁止进行动火作业：

（1）压力容器或管道未泄压前。

（2）存放易燃易爆物品的容器未清理干净前或未进行有效置换前。

（3）风力达 5 级以上的露天作业。

（4）喷漆现场。

（5）遇有火险异常情况未查明原因和消除前。

10. 供电企业相关的特种作业人员和特种设备操作人员分别有哪些？

答： 供电企业相关的特种作业人员主要有以下 3 类：

（1）电工作业人员：指需要在公司管辖电网资产以外设备上进行作业的公司员工以及进入电网企业作业的外协单位施工人员；

（2）焊接与热切割作业人员：指从事焊接或者热切割工作的人员；

（3）高处作业人员：指公司系统内从事专门或经常在坠落高度基准面 2m 及以上有可能坠落的高处进行作业的人员。

供电企业相关的特种设备操作人员主要有以下 3 类：

（1）电梯操作人员：指公司系统内从事电梯机械安装维修、电梯电气安装维修、电梯司机的人员；

（2）起重机械操作人员：指公司系统内的起重机械安装维修人员、起重机械电气安装维修人员、起重机械指挥人员、桥门式起重机司机、塔式起重机司机、门座式起重机司机、缆索式起重机司机、流动式起重机司机、升降机司机、机械式停车设备司机；

（3）场（厂）内专用机动车辆作业：是指公司系统内的车辆维

修人员、叉车司机、搬运车牵引车推顶车司机、内燃观光车司机、蓄电池观光车司机。

11. 劳务分包中发包方应承担哪些安全责任？

答： 劳务分包中发包方应承担以下主要安全责任：

（1）审查承包方企业资质、业务资质和安全资质，审查承包方人员持证情况，审查承包方安全管理机构及人员配置情况；

（2）在开工前与承包方签订分包合同及安全协议；

（3）在进场前核查承包方进场人员资质，在开工前对承包方项目经理、现场负责人、技术员和安全员进行全面的安全技术交底；

（4）对劳务分包人员进行岗位安全操作规程和安全技能培训考试，并定期组织开展应急演练；

（5）配备劳务分包作业所需的个人安全防护用品、施工机械、起重设备；

（6）编制劳务分包作业的施工安全方案；

（7）签发安全施工作业票并作业工作负责人。

二、线 路 运 行

12. 输电线路运行巡视时，哪些情况下必须由两人进行？单人巡视和双人巡视应分别做好哪些安全措施？

答： 巡线工作应由有电力线路工作经验的人员担任。单人巡线人员应考试合格并经部门批准。在电缆隧道、偏僻山区、夜间巡线时应由两人进行。汛期、暑天、雪天等恶劣天气巡线，必要时由两人进行。单人巡线时，禁止攀登电杆和铁塔。

地震、台风、洪水、泥石流等灾害发生时，禁止巡视灾害现场。灾害发生后，如需对线路、设备进行巡视时，应制定必要的安全措施，得到设备运维管理单位批准，并至少两人一组，巡视人员应与派出部门之间保持通信联络。

正常巡视应穿绝缘鞋。雨雪、大风天气或事故巡线，巡视人员应穿绝缘靴或绝缘鞋。汛期、暑天、雪天等恶劣天气和山区巡线应配备必要的防护用具、自救器具和药品。夜间巡线应携带足够的照明工具。

13. 输电线路工作中常用到"作业距离"和"安全距离"两个概念，两者有何区别？如何区分？

答：作业距离是指带电作业中操作人员是在某作业位置上与带电体（或与接地体）能保持住的最小距离。

安全距离是指带电作业时遇到最大过电压不发生放电，并有足够安全裕度的最小空气间隙。

作业距离是作业过程中的实测距离，安全距离是为保障人身安全而规定的必须保持的距离，作业距离必须大于安全距离。

14. 输电线路通道内高大机械施工应如何防控？

答：输电线路通道内高大机械施工应按下列要求防控：

（1）第一时间与机械操作人员进行沟通，使其对相应电压等级线路的安全距离知晓。

（2）合理安排施工方案，禁止机械线路正下方作业。

（3）监护人员应站在吊车操作室侧的适当位置。此位置应是监护人员在保障自身人身安全的前提下，便于与吊车操作人员对话，机械出现危及线路安全可以及时制止的最佳位置。

（4）检查并督促施工人员使用合格的钢丝绳，并且绑扎牢固，防止钢丝绳意外断裂、弹跳，引发外力破坏事故。

（5）与吊车操作人员核对吊车电脑屏幕上显示的吊臂垂直高度与现场实际测量吊臂垂直高度的偏差，并确认操作人员已清楚。

（6）监护过程应是自吊车施工开始至吊车吊臂完全收起的全过程。

（7）遇到特殊情况，及时报告。

有电，危险！

15. 线路巡视时遇到毒蜂应采取哪些应急措施？

答：线路巡视时遇到毒蜂应采取下列应急措施：

（1）遇到蜂巢时应注意绕行，避免惊扰蜂群，注意不要涂抹香水或化妆品。

（2）少量毒蜂落到身上时，不要用手去打，可用手指轻轻弹掉即可。

（3）被蜂群攻击时，应尽快用衣物包裹暴露部位，可蹲伏不动，保护头部。不要迅速奔跑，更不应扑打还击。

🧘 16. 砍剪带电线路附近树木时应采取哪些安全措施？

答：砍剪带电线路附近树木时应采取下列安全措施：

（1）砍剪树木应有专人监护。待砍剪树木下面和倒树范围内不准有人逗留，城区、人口密集区应设置围栏，防止砸伤行人。为防止树木倒落在导线上，应设法用绳索将其拉向与导线相反的方向。砍剪山坡树木应做好防止树木向下弹跳接近导线的措施。

（2）砍剪树木时，不应攀抓脆弱和枯死的树枝，并使用安全带。安全带不准系在待砍剪树枝的断口附近或以上。不应攀登已经锯过或砍过的未断树木。

（3）在线路带电情况下，砍剪靠近线路的树木时，工作负责人应在工作开始前，向全体人员说明电力线路上有电，人员、树木、绳索应与导线保持《安规》规定的安全距离。

（4）树枝接触或接近高压带电导线时，应将高压线路停电或用绝缘工具使树枝远离带电导线至安全距离。此前禁止人体接触树木。

（5）风力超过 5 级时，禁止砍剪高出或接近导线的树木。

🧘 17. 高压线路保护区内垂钓应采取哪些管控措施？

答：高压线路保护区内垂钓应采取下列管控措施：

（1）对跨越鱼塘、水库、河流等易垂钓区域的电力防护设施进行全面排查，及时修复、增补和更换"高压危险、严禁垂钓"警示牌，并在重点地段设置横幅，提高警示效果。

（2）安排人员加强现场巡查，增加涉及电力线路的河道、鱼塘的巡视次数，发现线下垂钓行为及时劝离。

（3）加强宣传力度。沿途发放宣传资料，教育和引导群众自觉远离电力线下垂钓行为，借助典型案例讲解电力线下垂钓的危险性和危害性，提高垂钓者的安全防护意识。

（4）与鱼塘主、河流管理单位签订安全合作协议，明确双方责任。

18. 夜间巡视应做好哪些安全措施？

答：夜间巡视应首先注意行车安全，巡视过程应至少由两人进行，准备好照明设备，必要时使用红外拍摄设备。夏季巡视应随身携带防止虫蝇叮咬的药物，必要时带上抗蛇毒药品，并留存附近医院的地址和联系方式。山地巡视应携带登山杖，以及防动物袭击的工具。

19. 测量接地电阻应采取哪些安全措施？

答： 测量接地电阻应采取下列安全措施：

（1）在拆卸最后一颗和安装第一颗接地引下线螺钉时必须戴绝缘手套，以防感应电伤人；

（2）在拆卸接地引下线螺钉时应由两人进行，以防螺母松开后接地引下线刚性回弹致人受伤；

（3）在使用普通扳手拆卸接地引下线螺钉无果时，应使用加长杆，不得站在扳手上利用重力拆卸，以防人身坠落造成伤害；

（4）利用绝缘电阻表测量接地电阻过程中，不得触及绝缘电阻表接头、接地引下线等所有带电部位，以防触电。

20. 线路附近发生山火时如何处理？

答： 在保证人身安全情况下观测风力、风向，勘察火势情况和发展趋势，分析山火对线路运行的威胁程度，立即向所属班组和部门汇报现场情况，同时拨打火警电话并与当地村委联系，随时向部门汇报火势发展情况。山火扑灭后，应立即检查线路本体和通道的损伤情况，必要时组织带电登杆检查。

21. 塔上清除蜂窝应注意哪些安全事项？

答： 塔上清除蜂窝应注意下列安全事项：

（1）在塔上清除蜂窝时，作业人员应系好安全带，并使用安全绳或后备保护绳，在塔上不得失去保护；

（2）在带电杆塔上清除蜂窝时，人体和非绝缘设备应与带电导线保持《安规》规定的安全距离，塔下应设人员监护；

（3）为尽量避免被蜂蜇到的风险，作业人员应穿戴手套、护目镜等全套防蜂装备；

（4）掏下的蜂窝应装进麻袋或厚实的塑料袋中，并将袋子封口，使用绝缘绳将袋子传送至塔下，同时注意要与带电线路保持足够的安全距离。

22. 线路覆冰时期，现场监控应注意哪些安全事项？

答：线路覆冰时期，现场监控应注意下列安全事项：

（1）应时刻检查车辆车况，做好必要的防滑措施，勘察行车路况，注意冰雪滑落和路面塌方情况；

（2）覆冰现场监控应做好必要的安全防护，穿戴保暖防水鞋、衣帽，携带登山杖，备好干粮和热水，以及备用衣物；

（3）现场监控应选择合适安全的地形和视角，禁止在线路正下方监控，防止落冰伤人。

23. 运行工作中，如何预防并处置恶犬伤人的风险？

答：运行工作中，应按下列要求预防并处置恶犬伤人的风险：

（1）根据建立的巡视动态危险点档案，选择合理的巡视路线，避开狗的活动区域；

（2）对无法避免的路线或区域，应至少两人一组进行巡视；

（3）巡视人员应配备必要的防护用具（如木棒等）、自救器、急救药品等；

（4）及时通知户主看管好有威胁的狗。

24. 针对大棚薄膜等易漂浮物应采取哪些管控措施？

答： 针对大棚薄膜等易漂浮物应采取下列管控措施：

（1）排查保护区内的蔬菜大棚、地膜、彩钢房等易发生搭挂区域，建立异物易搭挂地段详细档案，并定期更新档案；

（2）雷雨、大风天气来临前，电话或短信通知相关户主及时加固大棚薄膜、广告布等，防止被大风吹到杆塔、导线上；

（3）通过多种手段进行宣传，在异物易搭挂地段竖立警示牌，张贴宣传纸，发放宣传手册等；

（4）加大线路特巡力度，大风天来临后重点检查导地线、杆塔上有无异物搭挂隐患。

25. 台风天气进行外出工作时，应做好哪些安全措施？

答：台风天气进行外出工作时，应做好下列安全措施：

（1）应得到设备运行管理单位分管领导的批准方可开展巡视工作；

（2）巡视应至少两人一组，并与派出部门之间保持通信联络；

（3）巡视人员应穿绝缘鞋或绝缘靴，并配备必要的防护用具、自救器具和药品；

（4）巡线时，应沿线路上风侧前进，以免触及断落的导线；

（5）现场开展巡视时应注意选择路线，防止洪水、塌方、恶劣天气等对人的伤害，禁止泅渡。

26. 山区巡视时应采取哪些防毒蛇的安全措施？

答：山区巡视时应采取下列防毒蛇的安全措施：

（1）山区巡视时，应穿防护鞋，扎绑腿，携带登山杖；

（2）经过草丛、灌木等可能有蛇的地方，应边走边打草，防止被蛇咬伤；

（3）巡线时应携带蛇药等必备的防护药品。

27. 无人机操作员有哪些安全要求？

答：无人机操作员应具有丰富的高压线路运行维护工作经验，应经过相应机型无人机航巡作业专业培训，考试合格并持证上岗。在国内无人机驾照主要有三种：AOPA（中国航空器拥有者及驾驶员协会颁发）、ASFC（中国航空运动协会颁发）、UTC（DJI 大疆创新与两大机构联合认证颁发）。

28. 无人机作业对气象有哪些安全要求？

答：作业应在良好天气下进行，按照不同无人机机型满足相应能见度、风速和湿度要求。

遇到雷、雨、雪、大雾、大风等恶劣天气，应根据无人机性能参数和选配装置安装情况，进行飞行安全评估，制定安全措施，经航空管制部门和主管领导批准后方可进行。

29. 无人机巡视作业有哪些安全要求?

答: 无人机巡视作业有下列安全要求:

(1)巡视作业时,无人机驾驶员必须始终能看到作业线路,并清楚线路的走向,若看不清输电线路应立即上升高度退出后重新进入。

(2)巡视作业时,无人机系统应远离爆破、射击、打靶、飞行物、烟雾、火焰、无线电干扰等活动区域。

(3)当无人机系统悬停巡视时,应顶风悬停。若对无人机系统姿态进行调整时,地面站操作员要提醒无人机驾驶员线路周围有何障碍物需要注意。

（4）巡视作业时，若需要无人机转到线路另一侧，必须从塔顶飞过，严禁从档中横穿，并与塔顶保持必要的距离。

（5）严禁无人机系统在变电站、电厂上空穿越，并与变电站保持必要的水平距离。

（6）当巡视地处狭长地带或大档距、大落差等特殊地形时，飞行员应根据无人机系统的性能及气象情况失断是否继续飞行，或调整无人机系统飞行参数。

三、线路检修

30. 在停电线路上工作时，应在哪些地点装设接地线？

答： 在停电线路上工作时，各工作班工作地段各端和工作地段内有可能反送电的各分支线（包括用户线）都应接地。直流接地极线路，作业点两端应装设接地线。配合停电的线路可以只在工作地点附近装设一组工作接地线。

31. 多串绝缘子使用火花间隙法检测时有哪些安全注意事项？

答： 多串绝缘子使用火花间隙法检测时有下列安全注意事项：

（1）测量顺序应先从导线侧开始向横担侧进行；

（2）在同一串绝缘子中，如发现低值或零值绝缘子数超过规定允许数，已不能保证正常运行电压要求，应停止检测；

（3）空气湿度大的天气一般不宜进行检测；

（4）应特别注意检测仪器靠近导线时的放电声与火花间隙放电声的区别，以免误判。

32. 在多回路塔上挂拆接地线有哪些步骤？

答： 工作负责人应核对线路的双重名称，向工作班成员交底并发放停电作业卡，工作班成员应签字确认，登塔前须穿全套屏蔽服，并再次核对线路的双重名称，确认无误后才能登塔，登塔至横担处须核对色标，核对无误才能进入横担侧。挂接地线时，应先装设接地端，后挂导线端，拆接地线时与之相反。

33. 双分裂及多分裂导线应如何进行验电？

答： 验电前须确认验电器工况良好，针对双分裂及多分裂导线，每根子导线、连接金具均应分别验电，每个验电部位应至少停留 3s 以上，验完应提升 1m 以上再验下一个部位。

34. 雷击事故登塔检查巡线有哪些安全注意事项？

答： 雷击事故登塔检查巡线有下列安全注意事项：

（1）雷击事故后应做好防滑措施，以防摔伤，并做好防毒蛇、毒虫叮咬；

（2）雷击事故后通常湿度较大，空气绝缘水平下降，应身穿全套屏蔽服；

（3）拍摄雷击点照片时应保持足够的安全距离，同塔双回线路进入横担侧时应注意弯腰前行。

35. 在大转角耐张塔挂设接地线有哪些安全要求?

答: 大转角耐张塔挂设接地线必须严格按照《安规》规定的接地线挂设顺序,先挂设接地端后挂设导线端。挂设前先清除角钢表面的镀锌层,确保接地通道良好,挂设过程中操作人员持绝缘绳操作,不得碰触铜线。因转角过大使导线偏出横担较远,接线端挂设困难的,应使用绝缘操作杆挂设或采用具备特殊挂设方式的接地线,并注意在操作过程中身体不能探出横担外。

36. 停电检修时,悬挂个人保安线突然脱落时如何处理?

答: 停电检修时,悬挂个人保安线突然脱落时应按下列要求处理:

（1）已接触导线的作业人员不准碰触已脱落的个人保安线，防止感应电伤人；

（2）应立即通知工作负责人（监护人）或塔上监护人，由其他工作班成员重新挂设个人保安线；

（3）装设时，应先接接地端，后接导线端，且确保接触良好，连接可靠。

37. 安全带缓冲器有哪些使用安全要求？

答：安全带缓冲器有下列使用安全要求：

（1）使用时应认真查看缓冲器防护范围及防护等级；

（2）缓冲器与安全绳及安全带配套使用时，作业高度要足以容纳安全绳和缓冲器展开的安全坠落空间；

（3）缓冲器禁止多个串联使用；

（4）缓冲器与安全带、安全绳连接应使用连接器，严禁绑扎使用。

38. 如何防止斗臂车因不稳固造成倾覆和人员坠落？

答：应做好就位后检查和工作前检查，具体要求为：

（1）高空作业车的工作应在坚实平整的地面上使用，在松软的地面上使用时，支腿下应用加宽加长的方木垫实；

（2）使用前，应在预定位置空斗试操作一次，确认液压传动、回转、升降、伸缩系统工作正常，制动装置可靠；

（3）必要时，应专人监视支腿。

39. 变电站构架上转位时，如何防止高空坠落？

答： 变电站构架上转位时，应按下列要求防止高空坠落：

（1）在构架上转位时，作业人员不能失去安全保护，应交替使用保险绳；

（2）作业人员在构架上进行转位时，需采取防滑措施，地面应加强监护，及时制止不安全行为；

（3）进出构架时，必须先检查构架是否牢固。

40. 在同杆塔架设上下排列的线路上验电、挂接地线时有哪些安全要求？

答： 在同杆塔架设上下排列的线路上验电、挂接地线时有下列安全要求：

（1）验电时，应先验低压、后验高压，先验下层、后验上层，先验近侧、后验远侧。禁止作业人员穿越未经验电、接地的 10kV 及以下线路对上层线路进行验电。

（2）验电应逐相进行，作业人员应将尚未验电的线路视为带电线路，在杆塔上验电或转位时必须与其保持足够的安全距离。

（3）线路经验明确无电压后，应立即装设接地线并三相短路。

41. 装设接地线和个人保安线前,如何检查杆塔或横担接地良好?

答:装设接地线和个人保安线前,应按下列要求检查杆塔或横担接地良好:

(1)工作前,检查杆塔接地引下线有无断裂、暴露、锈蚀等现象,并用接地电阻测量仪测量接地电阻,符合规程规定后方可开始工作;

(2)检查装设位置横担处有无严重锈蚀现象,如有锈蚀,应先处理锈蚀缺陷;

(3)装设时,杆塔与接地线或个人保安线连接部分应清除油漆,接触良好。

42. 哪些类型的安全工器具应进行试验后方可现场使用?

答:下列安全工器具应进行试验后方可现场使用:

(1)规程要求进行定期试验的安全工器具;

(2)新购置和自制的安全工器具;

(3)检修后或关键零部件经过更换的安全工器具;

(4)对安全工器具的机械、绝缘性能发生疑问或发现缺陷时。

43. 带电线路附近起重作业应采取哪些安全措施?

答：带电线路附近起重作业应采取下列安全措施：

（1）起重机械操作人员及指挥人员应明确带电线路位置、高度，知晓相应电压等级输电线路的机械施工安全距离。在确保安全距离的情况下，严格按照起重机械规程操作，指挥人员严格控制吊机与带电线路之间的距离。

（2）检查吊机设备、钢丝绳、揽风绳、链条、吊钩等各种机具，保证安全可靠。

（3）雷雨大风等天气立即停止作业。

（4）夜间作业应有足够的照明。

（5）监护人员应做好自身的安全防护措施，如正确佩戴安全帽等。

44. 高空作业如何避免物体打击伤害?

答：高空作业应按下列要求避免物体打击伤害：

（1）任何人进入施工现场都必须正确戴好安全帽，以防止物体打击头部；

（2）高空作业人员系好随身携带的工具（如扳手、铁锤等）防止掉落击伤下面工作人员；

（3）禁止上下垂直作业；

（4）高处作业坠落半径下方严禁站人；

（5）高处作业传递工具要用绳索，不得上下抛掷；

（6）防止施工器具及物体反弹伤人。

45. 高空作业有哪些安全注意事项？

答：高空作业有下列安全注意事项：

（1）作业人员均需身体健康，并经培训且考试合格；

（2）高处作业都要做好防坠落措施；

（3）高空作业前要先检查确保安全带良好；

（4）安全带应系在牢固构件上，禁止挂在移动或不牢固的物体上；

（5）高空作业一律使用工具袋，工具应用绳索传递，不得上下抛掷，并且不准乱放；

（6）高空作业时无关人员不准在工作点下方坠落半径内逗留；

（7）高空作业应在良好天气下进行；

（8）设备带电时高空作业人员应与带电设备保持足够安全距离；

（9）严禁酒后进行高空作业；

（10）低温或高温环境下进行高空作业，应采取保暖和防暑降温措施，作业时间不宜过长；

（11）高空作业地点必须将各类安全警示悬挂于施工现场各相应部位，夜间应设红灯示警。

46. 如何确定高处坠落范围半径？

请勿靠近

答：按下列情况确定高处坠落范围半径：

（1）当基础高度为 2~5m 时，可能坠落半径范围为 3m；

（2）当基础高度为 5~15m 时，可能坠落半径范围为 4m；

（3）当基础高度为 15~30m 时，可能坠落半径范围为 5m；

（4）当基础高度为 30m 以上时，可能坠落半径范围为 6m。

47. 同塔架设双回一回停电作业如何防止人身触电？

答：同塔架设双回一回停电作业按下列要求防止人身触电：

（1）误入邻近线路带电侧横担造成人员触电；

（2）绞车等牵引工具未可靠接地，造成感应电压伤人；

（3）在杆塔上盘卷或展开绑线，造成人员触电；

（4）未使用绝缘绳索，造成作业人员触电。

四、带电作业

48. 沿绝缘子串等电位进入电场应采取哪些安全措施?

答: 沿绝缘子串等电位进入电场应采取下列安全措施:

(1)要满足组合间隙要求,只适用于 220kV 及以上电压等级且耐张绝缘子串为双串的输电线路上;

(2)作业开始前要进行零值绝缘子检测,良好绝缘子片数满足规程规定的片数再加 3 片时,方可使用此方法;

(3)作业人员要穿戴全套合格屏蔽服,以蹲姿行进,不可以站立或爬行;

(4)进入电位时,要手脚并进,人体短接绝缘子个数不得超过 3 片。

49. 等电位进入和脱离时有哪些安全注意事项?

答: 等电位进入和脱离时有下列安全注意事项:

(1)电位转移前,人体裸露部分与带电体保持足够的安全距离;

（2）电位转移时应得到工作负责人的许可；

（3）进入和脱离电场动作要迅速。

50. 沿绝缘软梯进入电场有哪些安全注意事项？

答：沿绝缘软梯进入电场有下列安全注意事项：

（1）软梯在使用前应检查是否可靠，挂好后，应由两人做垂直荷重试验后，等电位电工方可登梯作业；

（2）导线上下排列或导线档内有交叉跨越时，工作前应经技术部门核算，在等电位作业状态下保持足够的安全距离时，方可允许工作；

（3）工作前，应认真检查导、地线断股及锈蚀情况，必要时应经验算机械强度受力情况，符合《安规》要求方可出线作业；

（4）等电位人员必须穿全套合格屏蔽服，在移位时，必须注意对杆塔拉线，交叉物等安全距离。

51. 带电作业工具电气试验有哪些规定？

答：预防性试验每年一次，检查性试验每年一次，两次试验间隔半年。带电作业工具预防性试验不得分段进行，必须按有效绝缘长度整根进行。检查性试验可以分段进行。检查性试验是将绝缘工具分成若干段进行工频耐压试验，每300mm耐压75kV，时间为1min，以无击穿、闪络及过热为合格。检查性试验不得代替预防性试验，预防性试验可以代替检查性试验。

52. 带电作业开始前应进行哪些安全检测？

答：带电作业开始前应进行的检测主要项目有安全距离检测、绝缘子检测、跨越距离及对地距离测量、绝缘电阻测量和电场强度测量。

53. 带电作业使用飞车时应注意哪些安全事项？

答：带电作业使用飞车时应注意下列安全事项：

（1）使用前应检查飞车的刹车装置和保险装置是否处于正常状态；

（2）作业人员应系有安全绳；

（3）越过障碍物时，要防止发生撞击；

（4）行走或作业时，要注意导线弛度下落后，弛度最低点对下面跨越的距离能否满足规程要求；

（5）行走速度不宜过快，以免刹车困难。

👤 54. 屏蔽服使用前如何检查？

答：首先对屏蔽服的外观进行检查，看其有无挂钩、破洞及断线折损处，发现后应及时用衣料布加以修补，然后才能使用。

用万用表或专用电极检测整套屏蔽服任何两个最远端点的电阻值，不得大于 20Ω。

👤 55. 带电作业绝缘工具的存放有哪些安全要求？

答：带电作业绝缘工具的存放有下列安全要求：

（1）带电作业工具应置于通风良好、清洁干燥的专用库房存放；

（2）高架绝缘斗臂车的绝缘部分应有防潮保护罩罩好，并存放在通风、干燥的车库内；

（3）在运输过程中，绝缘工具应装在专用工具袋、工具箱或专用工具车内，防止受潮或损伤；

（4）带电作业工具应专人保管，登记造册，并建立每件工具的试验记录。

👤 56. 绝缘工具使用前应做好哪些安全检查工作？

答：绝缘工具使用前应做好下列安全检查工作：

（1）应详细检查工具有无损伤、变形等异常现象；

（2）用清洁干燥的毛巾擦拭干净；

（3）用绝缘电阻表测量绝缘电阻，绝缘电阻值不得小于700MΩ。

57. 沿耐张绝缘子串进入电场应采取哪些安全措施？

答：沿耐张绝缘子串进入电场应采取下列安全措施：

（1）要满足组合间隙要求，只适用于220kV及以上电压等级且耐张绝缘子串为双串的输电线路上；

（2）作业开始前要进行零值绝缘子检测，良好绝缘子片数满足规程规定的片数再加3片时，方可使用此方法；

（3）作业人员要穿戴全套合格屏蔽服，以蹲姿行进，不可以站立或爬行；

（4）进入电位时，要手脚并进，人体短接绝缘子个数不得超过3片。

58. 带电作业中传递工器具材料应注意哪些安全事项？

答：带电作业中传递工器具材料应注意下列安全事项：

（1）带电作业中一律使用绝缘无头绳传递，滑车及吊点绳套也应绝缘；

（2）绝缘无头绳应与带电体保持足够的距离；

（3）小型工器具和材料应装入工器具内传递，尺寸较长的物件

应将其多点固定于绳索上作定向传递;

（4）传给等电位电工而又不能盘卷的金属导线（如跨接线、预绞丝等），可用传递绳索将其平行于地面悬吊传递，并用控制绳索控制其活动方向和对带电体的距离;

（5）传递的金属物品（包括工具、材料等）时，杆塔或地面上作业人员应将金属物品接地后再接触，以防电击。

59. 特高压带电作业时进入强电场有哪些方法?

答：特高压带电作业进入强电场主要有吊篮法和沿绝缘子串进入两种方法。吊篮法，绝缘吊篮用绝缘绳系在横担上，等电位人员坐在吊篮上，调整吊篮的高度，使人头部位置高度与靠导线第一片绝缘子位置高度在一个水平面上。沿绝缘子串进入，等电位人员通过"跨二段三"的作业方法进入等电位。

60. 如何消除带电作业过程中的麻电现象?

答：按下列要求可消除带电作业过程中的麻电现象:

（1）在330kV及以上电压等级的线路杆塔上及变电站构架上作业，应穿戴相应电压等级的全套屏蔽服（包括帽、上衣、裤子、手套、鞋等，下同）或静电防护服和导电鞋等（220kV线路杆塔上作业时宜穿导电鞋）。

（2）绝缘架空地线应视为带电体，作业人员不应接触，并与绝缘架空地线之间的距离不应小于 0.4m（1000kV 为 0.6m）。如需在绝缘架空地线上作业时，应用接地线或个人保安线将其可靠接地或采用等电位方式进行。带电更换架空地线时，应通过金属滑车可靠接地。

（3）等电位作业人员选择合格、适当屏蔽效率高的屏蔽服，以防麻电针刺感。

（4）传递的金属物品（包括工具、材料等）时，杆塔或地面上作业人员应将金属物品接地后再接触，以防电击。

61. 什么情况下带电作业需要申请停用重合闸或直流线路再启动功能，并不准强送电，禁止约时停用或恢复重合闸及直流线路再启动功能？

答： 在下列情况下带电作业需要申请停用重合闸或直流线路再启动功能：

（1）中性点有效接地的线路中有可能引起单相接地的作业；

（2）中性点非有效接地的线路中有可能引起相间短路的作业；

（3）直流线路中有可能引起单极接地或极间短路的作业；

（4）工作负责人或工作票签发人认为有必要停用重合闸的作业。

62. 采用中间电位法更换耐张单片绝缘子时应注意哪些安全事项？

答： 采用中间电位法更换耐张单片绝缘子时应注意下列安全事项：

（1）要满足组合间隙要求，只适用于 220kV 及以上电压等级且耐张绝缘子串为双串的输电线路上。

（2）作业开始前要进行零值绝缘子检测，良好绝缘子片数满足规程规定的片数再加 3 片时，方可使用此方法。

（3）作业人员要穿戴全套合格屏蔽服，以蹲姿行进，不可以站立或爬行，人体短接地绝缘子不能超过三片。

（4）使用的卡具的型号应与绝缘子的型号匹配。

63. 采用火花间隙检测零值绝缘子时应注意哪些安全事项？

答： 采用火花间隙检测零值绝缘子时应注意下列安全事项：

（1）检测前，应对检测器进行检测，保证操作灵活，测量准确；

（2）针式及少于三片的悬式绝缘子不得使用火花间隙检测器进行检测；

（3）检测不同电压等级的绝缘子串时，当发现一串中剩余良好绝缘子片数不能满足正常运行电压的要求时，应立即停止检测；

（4）测量顺序应先从导线侧开始逐片向横担侧进行；

（5）应在干燥天气下进行；

（6）应注意检测仪靠近导线时的放电声与火花间隙放电声的区别，以免误判。

64. 带电作业过程中出现天气突变时如何处理？

答：带电作业过程中出现天气突变时应按下列要求处理：

（1）工作负责人应立即下令停止工作；

（2）作业人员迅速恢复设备原有运行状态；

（3）等电位作业人员和塔上作业人员应迅速撤离作业现场。

65. 带电处理搭头发热拆搭引流线使用分流线时，应注意哪些安全事项？

答：带电处理搭头发热拆搭引流线使用分流线时应注意下列安全事项：

（1）等电位电工通过线夹将分流线固定在发热子导线及其跳线上，对发热点进行分流，同时分流线的载流能力与线路的电压等级相适应；

（2）拆开引流板螺栓，然后检查接触面情况，分析发热原因；

（3）等电位电工用平锉、砂纸对引流板接触面进行打磨处理，将氧化层及杂质清理干净，保证引流板导电正常；

（4）等电位电工恢复引流板连接，将螺栓紧固到位；

（5）引流板处理完成后，等电位电工将分流线拆除。

66. 起吊重物前工作负责人应注意哪些安全事项?

答：起吊重物前工作负责人应注意下列安全事项：

（1）起重设备、吊索具和其他起重工具的工作负荷，不准超过铭牌规定。

（2）作业前应向参加工作的全体人员进行技术交底，熟悉搬运方案和安全措施。起吊时应专人统一指挥，信号简明、畅通。

（3）起吊物绑扎应牢固，在棱角和光滑处应加以包垫，吊点选择应合理。

（4）受力钢丝绳的周围、上下方、转向滑车内角侧、吊臂和起吊物的下方，禁止有人逗留和通过。

67. 利用铁塔或与杆塔接地装置电气上直接相连的横担接地时有哪些安全要求?

答：利用铁塔或与杆塔接地装置电气上直接相连的横担接地时，允许每相分别接地，但杆塔的接地通道和接地电阻应良好，杆塔的接地连接部分应清除油漆，接触良好。

68. 设置杆塔临时拉线有哪些安全要求?

答：设置杆塔临时拉线有下列安全要求：

（1）应使用钢丝绳：单杆（塔）不得少于4根，双杆（塔）不得少于6根；

（2）绑扎工作应有技工担任；

（3）一根锚桩上的临时拉线不得超过2根；

（4）未绑扎固定前不得登高。

👤 69. 采用张力放线时有哪些安全要求？

答：采用张力放线时有下列安全要求：

（1）在邻近或跨越带电线路采取张力放线时，牵张机、张力机本体、牵引绳、导地线滑车、被跨越电力线路两侧的放线滑车必须接地，邻近750kV及以上电压等级线路放线时操作人员应站在特制金属网上，金属网必须接地；

（2）雷雨天不得进行张力放线作业；

（3）在张力放线的全过程中，人员不得在牵引绳、导引绳、导线下方通过或逗留，并不得骑跨河通行；

（4）放线作业前应检查导线与牵引绳连接应可靠牢固。

👤 70. 邻近高压线路作业时，应采取哪些防感应电压的保护措施？

答：邻近高压线路作业时，应采取下列防感应电压的保护措施：

（1）在330kV及以上电压等级的带电线路杆塔上及变电站构架上作业，应采取穿着静电感应防护服、导电鞋等防静电感应措施（220kV线路杆塔上作业宜穿导电鞋）；

（2）带电更换架空地线或架设耦合地线时，应通过金属滑车可靠接地；

（3）用绳索传递大件金属物品（包括工具、材料等）时，杆塔或地面上作业人员应将金属物品接地后再接触以防电击。

71. 防杆塔倾倒导致高空坠落的保护措施有哪些？

答：防杆塔倾倒导致高空坠落的保护措施主要有：

（1）杆塔基础被冲刷、基础埋深不足时不得攀登杆塔；

（2）拉线不完整、缺少部件，拉线盘埋深不足，拉线棒、拉线锈蚀严重时不得攀登杆塔；

（3）拉线松弛或拉线受力不平衡，须先调整拉线；

（4）杆塔上有人时，不准调整或拆除拉线；

（5）检修杆塔不得随意拆除受力部件；拆除杆塔受力部件时，必须对杆塔加固补强；

（6）杆塔歪斜应进行扶正加固后，方可攀登作业。

72. 防吊车起重作业机械伤害的保护措施有哪些？

答：防吊车起重作业机械伤害的保护措施主要有：

（1）吊车起重作业必须由专人指挥，并事先明确旗语、手势和信号，吊车司机必须与起重指挥协调一致，遇有大风恶劣天气停止起吊工作；

（2）在起吊、牵引过程中，受力钢丝绳的周围、上下方、内角侧和起吊物的下面，严禁有人逗留和通过，吊运重物不得从人员上方通过、吊臂下严禁站人、不准用手拉或跨越钢丝绳；

（3）当重物吊离地面后，工作负责人应再检查各受力部位和被吊物品，无异常方可正式起吊；

（4）吊下的物件要放置牢固，有防倾倒措施；

（5）吊车的吊钩要有保险装置，防止钢丝绳脱钩，造成被吊物倒落；

（6）吊车起吊时位置应适当，支腿需立于坚实的基础上，防止土地松软导致翻车，严禁超负载起吊，造成吊车倾翻。

73. 两个及以上班组在同一条停电线路作业时，有哪些保证安全的组织措施？

答：若同一线路停电，由两个及以上班组同一时段进行分段（工作地段连续）持票工作时，各班组应分别根据工作票签发人指定的工作地段两端分别挂设接地线，两端两个班组分别挂设接地线完毕并履行现场作业接地线装设告知及确认手续后，各班组工作负责人方可许可开始工作。在确认各工作班组工作均已结束，并相互履行工作结束确认手续后，两端两个班组方可拆除接地线。

74. 多个外包施工单位在同一条停电线路作业时，有哪些保证安全的技术措施？

答：涉及线路"一停多用"（多个外包施工单位在同一线路上工作）时，填写工作票时应根据改接线路的施工范围及最终接线方式提前挂设各工作地段两端接地线，确保各施工单位工作地段两端均可靠接地。同时施工单位在工作开始前应现场确认两端接地线挂设良好情况，并根据工作现场需要，在本单位施工区域两端自行挂设、拆除施工接地线，在挂、拆施工接地线工作完成后应及时汇报线路运维部门工作负责人进行签字确认。

75. 在停电导线上检修作业时如何防止感应电触电？

答：在停电导线上检修作业时应按下列要求防止感应电触电：

（1）在有邻近、平行、交叉跨越及同杆塔架设线路的地段作业，应使用个人保安线；

（2）当接地线（个人保安线）一端线夹松动或脱落时，作业人员不得直接接触接地线；

（3）工作负责人安排塔上人员重新挂设后方可继续作业。

76. 高温天气进行线路检修作业时可采取哪些防中暑措施？

答：高温天气进行线路检修作业时可采取下列防中暑措施：

（1）高温天气期间，户外露天作业应避开每日气温最高时段，除事故抢修外原则上不安排户外露天作业；

（2）提供必需的劳动保护用品、防暑降温药品和清凉饮料等物品，把防暑降温作为主要的作业风险加以防范和预控；

（3）对于高处作业时发生严重中暑情况时，要做好防止坠落的措施，使用牢固的绳索，对施救人员进行合理的绑扎，确保人员安全转移到地面；

（4）现场确无条件把不能自已下杆的中暑人员脱离高空环境的，应及时向能提供条件的人员、单位呼救，并在杆上做好安全防护工作，对中暑人员进行遮挡日晒、扇风、洒水等措施。

77. 邻近 220kV 线路作业时，有哪些安全距离方面的要求？

答： 邻近带电的 220kV 电力线路进行工作时，必须保持 4.0m 以上安全距离。

对有可能接近带电导线 4.0m 安全距离以内时应做到以下要求：

（1）采取有效措施，使人体、导线、施工机具与带电导线保持 4.0m 以上安全距离的要求，牵引绳索和拉绳保持 6.0m 以上安全距离；

（2）作业的导地线还应在工作地点接地，绞车等牵引工具应接地。

78. 110kV、220kV、500kV 线路带电杆塔上作业时，如何控制人身安全距离？

答：在带电杆塔上进行测量、防腐、巡视检查、紧杆塔螺栓、清除杆塔上异物等工作，作业人员活动范围及其所携带的工具、材料等，其与带电导线最小距离不准小于 1.5m（110 kV）、3.0m（220 kV）和 5.0m（500 kV）。

79. 采用火花间隙检测零值绝缘子时应注意哪些安全事项？

答：采用火花间隙检测零值绝缘子时应注意下列安全事项：

（1）作业应在良好天气下进行，遇雷、雨、雪、雾、风力大于五级及空气相对湿度大于 80% 时，不得进行带电检测零值绝缘子作业；

（2）作业人员在杆塔上作业时不得失去安全带保护，塔上转移时严禁双手持带任何工具物品等；

（3）在塔上作业过程中如遇设备突然停电，作业人员应视设备仍然带电；

（4）杆塔上作业，人身与带电体的安全距离不得小于规程要求；绝缘操作杆有效绝缘长度不得小于规程规定；

（5）所有工器具必须经测试合格后方可使用；

（6）作业前需告知调度线路上进行检测零值绝缘子工作，遇线路跳闸，未经联系，不得强送；

（7）检测前，应对电压分布仪检测器进行检验，应从导线端向横担侧逐片检测，检测中，同一串绝缘子中必须保证良好绝缘子片数满足规程要求，发现良好绝缘子片数不足时，禁止继续对该串绝缘子的检测。

80. 屏蔽服和防静电感应服的使用要求有哪些区别？

答：带电作业用屏蔽服按国家标准分两种类型，其中，交流110（66）～500kV、直流500kV及以下电压等级的屏蔽服为Ⅰ型，屏蔽效率高、载流容量小；750kV电压等级的屏蔽服为Ⅱ型。屏蔽服专门在等电位作业时使用。

防静电感应服比屏蔽服防护等级要低，它所用的金属纤维较屏蔽服少，经纬密度稀，屏蔽效率也较低，主要供带电杆塔上登塔、巡视人员使用。

81. 带电作业工具的机械预防性试验有哪些规定？

答：动荷载试验：1.0倍额定荷重下操作3次，工具灵活、轻便、无卡住现象为合格。

静荷重试验：1.2倍额定工作负荷下持续1min，工具无变形及损伤为合格。

82. 110kV、220kV、500kV 等电位带电作业时，如何控制人身与带电体间的安全距离？

答： 设专责监护人，对等电位作业人员实时监护。等电位作业人员作业动作幅度要尽量小。地电位作业人员与带电体保持相应等级要求的安全距离。

83. 特高压进电场有哪些安全注意事项？

答： 等电位作业人员穿全套合格连体屏蔽服（包括面罩）。等电位作业人员距导线 0.5m 时，手持电位转位棒迅速接触导线。

五、电缆作业

84. 制作安装电缆接头或终端头对气象条件有哪些安全要求？

答： 电缆附件安装环境湿度应严格控制，一般不大于70%，温度宜为10～30℃，必要时可配备空调。严禁在雾、雨或湿度较大的环境中施工。

85. 进电缆工作井前应做好哪些安全措施？

答： 进电缆工作井前应做好下列安全措施：

（1）工作前应详细核对电缆线路名称；

（2）开启电缆井盖、电缆沟盖板时应使用专用工具，做好防坠措施，开启后应设置标准路栏围起，做好安全交通标识，并有专人看守；

（3）排除井内浊气，用气体检测仪检查井内易燃易爆及有毒气体含量合格后方可下井工作；

（4）井下作业应戴安全帽；

（5）做好防火、防水措施；

（6）防止高空落物。

86. 为防止电缆火灾，可采取哪些安全措施？

答： 为防止电缆火灾，可采取下列安全措施：

（1）实施阻燃防护或阻止延燃；

（2）选用具有难燃性的电缆；

（3）实施耐火防护或选用具有耐火性的电缆；

（4）实施防火构造。

87. 电缆线路的特巡应注意哪些安全事项？

答： 特殊巡视应在气候剧烈变化、自然灾害、外力影响、异常运行和对电网安全稳定运行有特殊要求时进行，巡视的范围视情况可分为全线、特定区域和个别组件。对电缆及通道周边的施工行为应加强巡视，已开挖暴露的电缆线路，应缩短巡视周期，必要时安装移动视频监控装置进行实时监控或安排人员看护。

88. 电缆高压试验专责监护人有哪些安全职责？

答： 电缆高压试验专责监护人有下列安全职责：

（1）明确被监护人员和监护范围；

（2）工作前对被监护人员交待安全措施，告知危险点和安全注意事项；

（3）监督被监护人员遵守安全工作规程和现场安全措施，及时

纠正不安全行为;

（4）监护试验现场,防止无关人员误入高压试验区域。

👤 89. 电缆试验时使用安全工器具有哪些安全注意事项?

答:试验人员进入试验现场必须穿绝缘鞋、戴安全帽,登高作业必须系安全带（安全绳）。

对试验装置和被试品的放电应使用接地操作棒,严禁直接手持接地线进行放电。使用接地操作棒时,手不得超过握柄部分的护环,接地线与人体的距离应大于接地操作棒的有效绝缘长度。接地操作棒的绝缘长度应按安全作业的要求选择,但总长度不得小于1m,其中绝缘部分0.7m,握手部分0.3m。

👤 90. 进行电缆开断的工作有哪些安全措施?

答:进行电缆开断的工作有下列安全措施:

（1）开断电缆前,必须与电缆图纸核对是否相符;

（2）确切证实电缆无电;

（3）用接地带木柄的铁钉钉入电缆缆芯;

（4）扶木柄的人员应戴绝缘手套并站在绝缘垫上。

91. 电缆隧道应采取哪些防火阻燃措施？

答：电缆隧道应采取下列防火阻燃措施：

（1）按设计采用耐火或阻燃型电缆；

（2）按设计设置报警和灭火装置；

（3）防火重点部位的出入口，应按设计要求设置防火门或防火卷帘；

（4）改、扩建工程施工中，对于贯穿已运行的电缆孔洞、阻火墙，应及时恢复封堵。

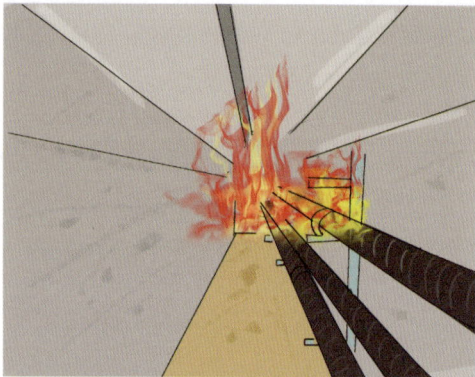

92. 在哪些地点电缆应用一定机械强度的保护管或加装保护罩？

答：在下列地点电缆应用一定机械强度的保护管或加装保护罩：

（1）电缆进入建筑物、隧道、穿过楼板及墙壁处。

（2）从沟道引至铁塔（杆）、墙外表面或屋内行人容易接近处，距地面高度 2m 以下的一段保护管埋入非混凝土地面的深度应不小于 100mm。

（3）伸出建筑物散水坡的长度应不小于 250mm。保护罩根部不应高出地面。

93. 进行高压电缆局部检测的人员应明确哪些安全要求？

答：进行高压电缆局部检测的人员应明确下列安全要求：

（1）电缆局放检测是为保证电力安全生产服务的一项带电检测技术，要求从事该项工作的专业技术人员有一定的业务素质；

（2）检测人员熟悉电力电缆高频（超高频）局部放电检测的基本原理、诊断程序和缺陷定性，了解超声波局部放电检测仪的工作原理、技术参数和性能，掌握局部放电检测仪的操作程序和使用方法；

（3）检测人员应了解被测设备的结构特点、外部接线、运行状况和常见故障；

（4）检测人员具有一定现场工作经验，熟悉并严格遵守电力生产安全规程。

94. 电缆设备区作业有哪些防有害气体的安全要求？

答：现场作业应严格执行"先通风、再检测、后作业"的基本要求,对有限空间作业采取防气体伤害措施,减少气体伤害事故。电缆井内工作时,禁止只打开一只井盖(单眼井除外)。进入电缆井、电缆隧道前,应先用吹风机排除浊气,再用气体检测仪检查井内或隧道内的易燃易爆及有毒气体含量是否超标,并做好记录。电缆沟的盖板开启后,应自然通风一段时间,经检测合格后方可下井作业。电缆井、电缆隧道内工作时,通风设备应保持常开,保证空气流通。在通风条件不良的电缆隧(沟)道内进行长时间巡视或维护时,工作人员应携带有毒气体测试仪及自救呼吸器。

95. 高压电缆耐压试验时应注意哪些安全事项?

答:高压电缆耐压试验时应注意下列安全事项:

(1)试验应在天气良好的情况下进行,遇雷雨大风等天气应停止试验,禁止在雨天和湿度大于 80%时进行试验。

(2)进入试验现场,试验人员必须正确佩戴安全帽,穿绝缘鞋,试验操作人员应站在绝缘垫上操作。

(3)开始试验前,负责人应根据实际情况编制试验方案并对全体试验人员详细说明试验中的安全注意事项。

(4)高压试验区应装设专用遮栏或围栏,向外悬挂"止步,高压危险!"的标示牌,并有专人监护,严禁非试验人员进入试验场地。电缆加压试验时,对侧应清理场地,设装专用遮栏或围栏,向外悬挂"止步,高压危险!"的标示牌,有专人监护并保持通信畅通。

（5）试验器具的接地端和金属外壳应可靠接地，试验仪器与设备的接线应牢固可靠。工作中如需使用登高工具时，应做好防止设备件损坏和人员高空摔跌的安全措施。

（6）升压时进行呼唱，试验人员在试验过程中注意力应高度集中，防止异常情况的发生。当出现异常情况时，应立即停止试验，查明原因后，方可继续试验。

（7）遇异常情况、变更接线或试验结束时，应首先将电压回零，然后断开电源侧刀闸，并在试品和加压设备的输出端充分放电并接地。

（8）试验结束后，恢复被试设备原来状态，进行检查和清理现场。

96. 电缆隧道的内部巡视应重点查看哪些内容？

答：电缆隧道的内部巡视应重点查看下列内容：

（1）结构本体有无形变，支架、爬梯、楼梯等附属设施及标识、标志是否完好；

（2）是否存在火灾、坍塌、盗窃、积水等隐患；

（3）是否存在温度超标、通风不良、杂物堆积等缺陷，线缆孔洞的封堵是否完好；

（4）电缆固定金具是否齐全，隧道内接地箱、交叉互联箱的固定、外观情况是否良好；

（5）隧道内通风、照明、排水、消防、通信、监控、测温等系统或设备是否运行正常，是否存在隐患和缺陷；

（6）测量并记录氧气和可燃、有害气体的成分和含量。

97. 电缆隧道线路维护工作主要包括哪些内容？

答：电缆隧道线路维护工作主要包括下列内容：

（1）隧道本体的维修、工井盖补装和更换等；

（2）隧道内电缆支架、防火隔槽、接地装置的除锈、刷漆、补强；

（3）隧道内低压电气、照明、通风、排水等设施维护；

（4）隧道内综合监控系统监测和维护；

（5）隧道的防火、防爆等设施的维护；

（6）隧道内里程牌、区位定制牌、接地箱铭牌、设备铭牌、相色标志牌等的补装和更换；

（7）地形地物发生较大变化的电缆路径图纸的修测。

98. 在电缆隧道内巡视时如遇突发起火应如何处置？

答：在电缆隧道内巡视时如遇突发起火应按下列要求处置：

（1）在电缆隧道内巡视过程中如遇突发起火，巡视人员应立即跑向离起火位置最近的防火门，人员离开起火区域后应立即关闭该分区防火门；

（2）隧道内人员应根据安全标志提示迅速判断在隧道内的相对位置以及最近逃生出口的方向，并朝逃生出口迅速撤离；

（3）在逃生至投料口夹层等相对安全、火势、烟雾暂时不会蔓延的位置时，巡视人员应利用手机、隧道内应急电话内设备向应急指挥中心进行汇报；

（4）指挥中心应根据视频监控等设备，对现场火势做出判断，指导人员进行逃生，同时开启远程电子井盖确保隧道内人员安全顺利逃生；

（5）在确认火灾已完全扑灭，并经得上级部门同意后，现场抢修人员方可持票进入隧道内。人员在进入隧道前，应进行通风、有毒气体检测、火源是否重燃再确认等程序。

99. 电缆隧道内电缆布置从安全角度考虑有哪些要求？

答： 电缆隧道内电缆布置从安全角度考虑有下列要求：

（1）进入同一终端变电站的电缆线路敷设在同一隧道内时，应两侧分开敷设并排列整齐，不同回路间应设置防火隔板或防火隔离墙；

（2）电缆支架层间垂直距离应满足电缆纵向蛇形敷设幅度及温度升高所产生的变形量的要求；

（3）电缆支架间距离应满足火灾时人员疏散以及平时检查、维修的需要。

100. 电缆隧道的地面巡视应重点查看哪些内容?

答: 电缆隧道的地面巡视应重点查看下列内容:

（1）路径周边有无挖掘、打桩、拉管、顶管等施工迹象,检查路径沿线各种标识标志是否齐全;

（2）电缆隧道上方有无违章建筑物,是否堆置可燃物、杂物、重物、腐蚀物等;

（3）地面是否存在沉降等缺陷;

（4）隧道井盖是否丢失、破损、被掩埋;

（5）隧道进出口设施是否完好,巡检隧道是否畅通,沿线通风口是否完好。